JN082037

とびきりかわ

壁面&
部屋かざり

はる なつ あき ふゆ

チャイルド本社

とびきりかわいい！
壁面＆部屋かざり
はる なつ あき ふゆ

もくじ

春

夏

本書の型紙は、園や学校、図書館等にて本書掲載の作品を作る方が、個人または園用に製作してお使いいただくことを目的としています。本書の型紙を含むページをコピーして頒布・販売すること、及びインターネット上で公開することは、著作権者及び出版社の権利の侵害となりますので、固くお断りします。また、本書を使用して製作したものを第三者に販売することはできません。

P.43

P.52

P.51

秋

P.38

P.58

P.54

冬

P.68

P.54

P.74

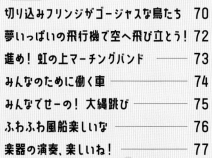

通年

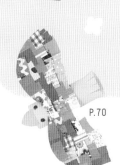

P.70

P.77

P.79

春

ちぎり貼りふっくら
さくらでおめでとう!

新入園児さんのために、みんなで作ったさくらを
飾りましょう。登園が楽しみになりそうです。

案・製作／イシグロフミカ

子どもの作品

【材料】
コピー用紙、折り紙、
柄入り折り紙、色画用紙、
画用紙、片段ボール、
発泡スチロール板（台紙用）

型紙
P.81

コピー用紙にちぎり貼り
してふんわり立体的に
仕上げましょう。

作り方

ちぎった折り紙や
柄入り折り紙

貼る

コピー用紙（縦1：横2程度）

※花びらを5個作ります。

筒状にし、
軽く潰して切り取る

中に折り込む

---- 山折り

貼る

色画用紙

お花列車で進級おめでとう!

列車の煙突からもくもくと出るのは春を呼ぶお花!?

型紙 P.82

案／カモ　製作／ささきさとこ

材料 色画用紙、画用紙、フェルト、発泡スチロール（台紙用）

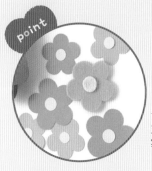

point

フェルトのお花を交ぜると、やさしい雰囲気UP!

6

おめでとう

型紙
P.82

子どもと作る にじみ塗り チューリップ

色鮮やかなチューリップが花壇に咲きました。
混ざり合った色は、どれもきれいです。

案・製作／とりう みゆき

（材料）色画用紙、画用紙、霧吹き、
発泡スチロール（台紙用）

作り方

霧吹きでぬらす

画用紙

水で溶いた
絵の具

色画用紙

細く
巻いて貼る

乾かす

筆で塗る

-・-・-・ 山折り
切り取る

半分に折る
※同様に3個作ります。

開く

のりを
塗って貼る

貼る

貼る

色画用紙

子どもの作品

7

きりん先生と遊ぼう！

「先生、遊ぼう！」と、にぎやかな声が聞こえてきそう！

案／西内としお　製作／ささきさとこ

(材料) 色画用紙、キラキラした折り紙、
モール、発泡スチロール板（台紙用）

型紙
P.84

Point

音符には、キラキラした折り紙を使って、にぎやかな印象に。

8

見て見て! いちごだよ

おいしそうないちごが採れました!

案・製作／さとうゆか

型紙
P.83

材料 色画用紙、画用紙、布、厚紙、綿、
発泡スチロール板（台紙用）

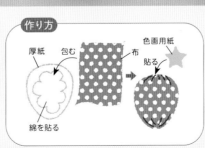

作り方

厚紙
包む
色画用紙
布
貼る
綿を貼る

point

いちごは、綿を貼った厚紙を布で
包み、ふっくらと仕上げます。

春の妖精がやって来た！

春を告げる妖精たちが、暖かな風と
優しい香りを運んできたよ！

案／コダイラヒロミ　製作／ささきさとこ

(材料) 画用紙、色画用紙、お花紙、
キラキラした折り紙、スチレンボード（台紙用）

型紙
P.85

point

洋服は、じゃばら折りにした
お花紙を広げてふんわりと。

あひるの赤ちゃんこんにちは

0・1・2 歳児に！

あひるの赤ちゃんをお母さんが優しく見つめています。

案／＊すまいるママ＊　製作／ささきさとこ

（材料）色画用紙、画用紙、フェルト、包装紙、
発泡スチロール板（台紙用）

型紙
P.85

Point

たんぽぽの中心をフェルトで
作ると、温かい雰囲気に。

子どもと作る

元気いっぱい！
こいのぼり

子どもたちが作ったカラフルなこいのぼりが、
元気に大空を泳ぎます。

案・製作／さとうゆか

point

クレヨンで自由に
描いた模様で個性
を表現できます。

子どもの作品

折る

裏返す

折る

----- 谷折り

差し込む

クレヨンで描く　切り取る

裏返す

（材料）
画用紙、
色画用紙、折り紙

型紙
P.86

13

子どもと
作る

たんぽでポンポン
紙皿ちょうちょう

カラフルな羽を広げたちょうちょうたち。
草むらも、羽と同じ紙皿素材です。

型紙
P.87

案・製作／つかさみほ

材料　紙皿、たんぽ（割り箸、綿、ガーゼ、輪ゴムで作る）、
画用紙、色画用紙、モール

作り方

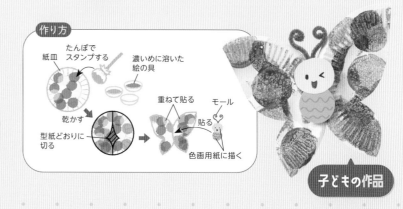

紙皿
たんぽで
スタンプする
濃いめに溶いた
絵の具

乾かす

型紙どおりに
切る

重ねて貼る
モール

貼る

色画用紙に描く

子どもの作品

14

野原で電車ごっこ！

出発進行！ 友達と一緒に野原を
歩けば、どこまでも行けそうです。

案・製作／ミヤモトエミ

（材料） 色画用紙、画用紙、フェルト、綿ロープ、
包装紙、キラキラした折り紙、柄入り折り紙、
発泡スチロール板（台紙用）

型紙
P.87

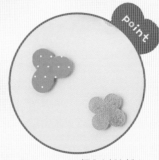

クローバーは、柄入り折り紙や
キラキラした折り紙を使って、
華やかさいっぱいに！

三つ編みした綿ロープで、
電車ごっこのひもを簡単に製作。

鳥の背に乗って、大空へ！

卒園や進級の季節にぴったり！ 鳥たちと
ともに、未来へはばたきます。

案・製作／たちのけいこ

型紙
P.88

（材料）
色画用紙、画用紙、キラキラした紙、
お花紙、キラキラしたモール、和紙、包装紙

Point

色の違うお花紙を重ねることで、
爽やかな透け感を表現します。

仲よしおひなさま

待ちに待ったひな祭り。にこにこうれしそうな
2人と一緒に、お祝いしよう!

案／菊地清美　製作／浦田利江

（材料）色画用紙、画用紙、カラー工作用紙、
クレープ紙、お花紙、トレーシングペーパー、
段ボール板（台紙用）

型紙
P.88

point

色画用紙にしわを付
けて、着物の質感を
表現します。

大きなリボンでおめでとう

立体感のあるリボンが豪華！ お友達も、
卒園をお祝いしてくれています。

案・製作／うえはらかずよ

point ふんわりしたお花と、
チュールレースがすてきです。

そつえんお

材料 色画用紙、画用紙、不織布、チュールレース、お花紙、キラキラした折り紙

型紙 P.89

作り方

〈リボンの中心部分〉

ひだを寄せながら貼る
色画用紙
チュールレース
キラキラした折り紙を丸める
貼る
色画用紙
貼る
貼る
お花紙の花

point 立体的なリボンには、チェック柄の不織布を貼って、よりおしゃれに。

めでとう

カラフルチューリップの つり飾り

3面のチューリップは、風を受けて くるくる回ると模様が変わる!

案・製作／RanaTura. 上田有規子

point

ちょうちょうは、溝を作った段 ボール板に貼って立体的に!

(材料)
色画用紙、リボン、テグス、 モール、丸シール、 段ボール板(台紙用)

型紙 P.90

(作り方)

色画用紙に模様を描く

テグス

丸シール　貼る

モール

貼る

色画用紙に描く

さして貼る

テグスとリボンを挟んで 3枚を貼り合わせる

切り込みを入れて 溝を作った段ボール板

リボンを挟んで 色画用紙を貼り 合わせる

リボン

----- 谷折り

ちょうちょうと花のパステル窓飾り

マスキングテープの柄を生かした春の窓飾りです。　案・製作／山口みつ子

(材料) 色画用紙、 マスキングテープ

型紙 P.91

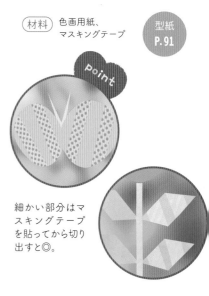

point

細かい部分はマ スキングテープ を貼ってから切り 出すと◎。

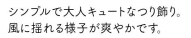

しろつめくさの
おしゃれつり飾り

シンプルで大人キュートなつり飾り。
風に揺れる様子が爽やかです。

案・製作／RanaTura. 上田有規子

【材料】
色画用紙、紙テープ、
折り紙、丸シール、
モール、リボン

型紙
P.91

切り紙の花を重ねると、
ボリュームが出て華やかに。

作り方

ころりん卵びなの置き飾り

おすまし顔のおひなさま。卵の殻が柔らかい印象の置き飾り。　　案・製作／RanaTura. 上田有規子

【材料】
卵、ちりめん、綿、フェルト、
色画用紙、折り紙、厚紙、
発泡スチロール板、空き箱、
マスキングテープ

型紙
P.90

卵の殻をフェルトとちりめんで包み
ます。綿を入れて安定感を。

作り方

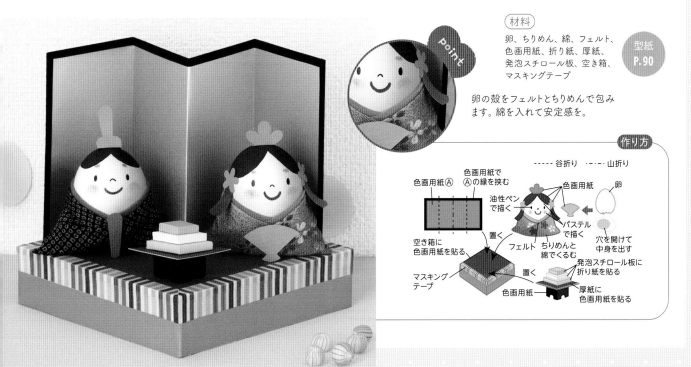

パンチで水玉
おしゃれかたつむり

穴から、カラフルな色や模様をのぞかせて。
おしゃれな殻のかたつむりさん♪

案・製作／町田里美

子どもの作品

材料
色画用紙、折り紙、
柄入り折り紙、
キラキラした折り紙

型紙
P. 92

かたつむりの殻は、切り込みを入れてから貼り合わせて立体的に。高さが出て、より目を引きます。

作り方

色画用紙

四つ折りにする

パンチで穴を開ける

柄や色が見えるように貼る

切り込みを入れる

柄入り折り紙や折り紙

重ねて貼る

貼る

描く
色画用紙

のり

あした天気にな〜れ!

てるてる坊主の周りに友達が集合!
楽しい話し声が聞こえてくるようです。

案・製作／さとうゆか

<材料>
色画用紙、画用紙、
キラキラした折り紙、
発泡スチロール板（台紙用）

型紙
P.93

3つのてるてる坊主は、色違いの
リボンに、それぞれ表情を変えて。

キラキラした折り紙で、
雨粒もかわいらしく。

雨の森でこんにちは

葉っぱの傘で雨宿り。うさぎさんたちも一緒にどうぞ。

案／*すまいるママ*　製作／浦田利江

(材料) 色画用紙、画用紙、カラーポリ袋、モール、キラキラした折り紙、
片段ボール、発泡スチロール板（台紙用）

型紙
P.94

葉っぱの傘は、カラー
ポリ袋で作ると、ツヤ
ツヤに。

みんなでゴシゴシ
かばさんの歯を磨こう

みんなで歯磨きをお手伝い。
ぴかぴかになると気持ちいいね！

案／しぶたにゆかり　製作／浦田利江

材料

色画用紙、画用紙、キラキラした折り紙、
綿、クリアファイル、カラー工作用紙、
発泡スチロール板（台紙用）

型紙
P.95

色画用紙に綿を貼って、
ふわふわの泡を作ります。

天の川の主役は
織姫&彦星

年に一度の七夕の夜空では、
星たちも踊っているようです。

案／コダイラヒロミ　製作／わたいしおり

型紙
P.95

材料　画用紙、色画用紙、
キラキラした紙、不織布

星は、キラキラした紙や
数色の色画用紙を組み
合わせてアクセントに。

色画用紙の上に不織布を
貼り、柔らかなミルキー感
を表現。

切り紙の
ひまわり畑で
あーそぼ！

鮮やかなひまわりに囲まれて、
みんなの明るい声が響いてきそう！

案・製作／さとうゆか

（材料）
折り紙、色画用紙、
発泡スチロール板
（台紙用）

型紙
P.96

ひまわりの花の部分は、
子どもが切り紙で花びら
作りに挑戦しても楽しい！

作り方

---- 谷折り

折り紙

切り取る

開く

色画用紙　切った折り紙

格子状に
貼る

貼る

point

ひまわりの中央部分や葉は、重ね切りすると時短に！

point

葉の中央を谷折りすると、立体感が出ます。

0・1・2 歳児に！

大～きなすいかをパクパク！

ひんやり冷たいすいかをみんなでいただきます！

案・製作／みさきゆい

型紙
P.97

材料　色画用紙、画用紙、キラキラした折り紙、
段ボール板（台紙用）

point

キャラクターの手と体の間に
段ボール板を挟むと、すいか
を手で持っているみたい！

小さなすいかや星を周りに
貼ると華やかになります。

いち、に！ いち、に！
しっかり準備体操

絶好の海水浴日和！ ひと足お先に、
ペンギンさんが待っています。

案／＊すまいるママ＊　製作／おおしだいちこ

(材料) 色画用紙、画用紙、キラキラした折り紙、
発泡スチロール板（台紙用）

型紙
P.98

キラキラした折り紙で、
光の反射する水面を表現。

体を部分的に重ねると、
立体感が出ます。

夏だ！祭りだ！
踊っちゃえ！

夏祭りを満喫する野菜たち。
アイテム片手に大にぎわい♪

案・製作／イシグロフミカ

[材料]
色画用紙、画用紙、カラー工作用紙、
キラキラした折り紙、毛糸、
発泡スチロール板（台紙用）

型紙
P.100

p◦int ちょうちんの模様な
ど細かい部分は、
描くのがベター。

キラキラした折り紙で
模様も華やかに!

水遊びでおおはしゃぎ

水のかけ合いっこに大興奮。
にぎやかな笑い声が聞こえてきそうです。

案・製作／町田里美

材料　色画用紙、画用紙、ラップフィルム、
キラキラした折り紙、包装紙、
発泡スチロール板（台紙用）

型紙
P.99

四角く切ったラップフィルムを
重ね合わせながら、色画用紙
をくるみます。しわが、キラキラ
と光ってきれい。

ペーパータオル染め
あさがお

みんなのあさがおに毎日水やり！大きくなあれ。

案・製作／たちのけいこ

(材料) ペーパータオル、色画用紙、包装紙、お花紙、キラキラした折り紙

型紙 P.97

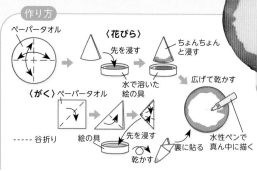

作り方

ペーパータオル

〈花びら〉 先を浸す

〈ちょんちょんと浸す〉

水で溶いた絵の具

広げて乾かす

〈がく〉ペーパータオル

----- 谷折り

絵の具

先を浸す

乾かす

裏に貼る

水性ペンで真ん中に描く

子どもの作品

絵の具数色を使った染めで、あさがおの繊細な色合いを表現します。

34

ふわふわおばけ が遊びに来たよ!

夏の夜にやってきた、かわいいおばけたち。仲よく遊ぼう!

案・製作／さとうゆか

型紙
P.101

(材料) 色画用紙、綿、白い厚紙、キラキラした折り紙、
発泡スチロール板(台紙用)

白い厚紙に綿を貼れば、
ふわふわと浮かぶおばけ
の雰囲気にぴったり。

貝殻で飾った
お知らせボード

貝殻とキラキラした素材で、砂浜を表現しました。ワンポイントのうさぎもキュート!

案・製作／もりあみこ

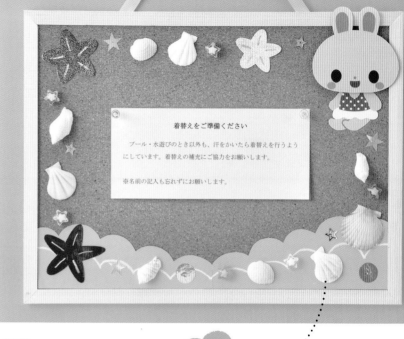

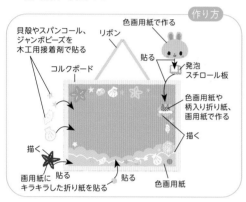

作り方

貝殻やスパンコール、ジャンボビーズを木工用接着剤で貼る
リボン
色画用紙で作る
貼る
コルクボード
発泡スチロール板
色画用紙や柄入り折り紙、画用紙で作る
描く
描く
画用紙にキラキラした折り紙を貼る
貼る
貼る
色画用紙

材料

貝殻、スパンコール、ジャンボビーズ、画用紙、キラキラした折り紙、柄入り折り紙、色画用紙、コルクボード、リボン、発泡スチロール板(台紙用)

型紙 P.102

Point

いろいろな形の貝殻と、キラキラのひとでやスパンコールなどでにぎやかに!

マリンヨットの
ボトル型置き飾り

水を使った飾りは、夏らしさ満点!

型紙 P.101

案・製作／ RanaTura.上田有規子

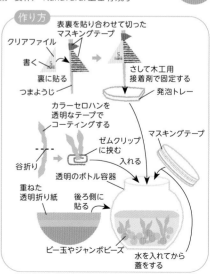

作り方

表裏を貼り合わせて切ったマスキングテープ
クリアファイル
書く
裏に貼る
つまようじ
さして木工用接着剤で固定する
発泡トレー
カラーセロハンを透明なテープでコーティングする
マスキングテープ
ゼムクリップに挟む
入れる
谷折り
透明のボトル容器
重ねた透明折り紙
後ろ側に貼る
ビー玉やジャンボビーズ
水を入れてから蓋をする

材料 透明のボトル容器、マスキングテープ、クリアファイル、つまようじ、発泡トレー、ビー玉、ジャンボビーズ、カラーセロハン、透明なテープ、ゼムクリップ、透明折り紙

貝殻とヨットの窓飾り

キラッと光る貝殻とヨットで、涼しげな雰囲気に。

案・製作／RanaTura.上田有規子

材料
キラキラした折り紙、ひも、紙テープ、
段ボール板（白）、布、竹ひご、両面折り紙、
エアーパッキング、カラーセロハン

型紙
P.100

作り方

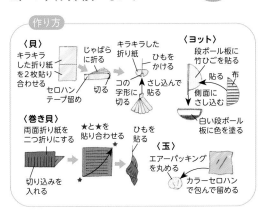

〈貝〉
キラキラした折り紙を2枚貼り合わせる
セロハンテープ留め
じゃばらに折る
切る
キラキラした折り紙
ひもをかける
コの字形に切る
さし込んで貼る

〈巻き貝〉
両面折り紙を二つ折りにする
切り込みを入れる
★と★を貼り合わせる
ひもを貼る

〈ヨット〉
段ボール板に竹ひごを貼る
貼る
布
側面にさし込む
白い段ボール板に色を塗る

〈玉〉
エアーパッキングを丸める
カラーセロハンで包んで留める

ヨットの帆は、竹ひごを段ボール板にさし込んで固定します。

Point

ハイビスカスのリース

鮮やかなハイビスカスが、夏にぴったり！
保育室がパッと明るくなります。

案・製作／藤沢しのぶ

Point

型紙
P.100

材料
クレープ紙、モール、
ビニールテープ、色画用紙、
クラフト紙、麻ひも、
キラキラした折り紙、
ビーズ、リボン、ひも、
ワイヤー

花びらは、クレープ紙を少し伸ばしながら形を作ります。本物の花のよう！

作り方

クラフト紙をねじって輪にする
麻ひも
色画用紙を貼る
キラキラした折り紙やビーズを貼る
ワイヤーを巻いて固定する
ひも
リボン
ワイヤーをかける
モールを長めに残しておき土台に巻いて固定する
鉛筆などに巻いて先端をカールさせる
ビニールテープを巻いてがくを作る
開いて整える
左右に少し伸ばす
貼る
クレープ紙
モール

秋

型紙 P.102

子どもと作る

スタンプ帽子の
どんぐりさんと歌おう！

カラフルな帽子をかぶったどんぐりたちが
森の仲間と合唱を披露！

案・製作／みさきゆい

(材料)
色画用紙、画用紙、
片段ボール、
発泡スチロール板（台紙用）

どんぐりの帽子は、カラフ
ルな色画用紙で。片段
ボールを巻いたスタンプを
押すのも楽しい！

(作り方)

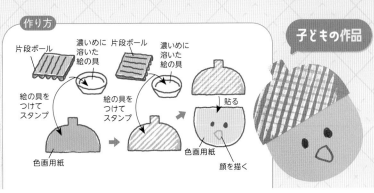

片段ボール　濃いめに　片段ボール　濃いめに
　　　　　　溶いた　　　　　　　溶いた
　　　　　　絵の具　　　　　　　絵の具

絵の具を　　　　　絵の具を　　　　　　貼る
つけて　　　　　　つけて
スタンプ　　　　　スタンプ

色画用紙　　　　　　　　　　　色画用紙
　　　　　　　　　　　　　　　顔を描く

子どもの作品

聴こえる？
秋の虫の合唱隊

秋の虫たちが、元気いっぱいに歌います。みんなも一緒に歌ってね！

案／しぶたにゆかり　製作／浦田利江

[材料]
色画用紙、画用紙、キラキラした折り紙、
カラーポリ袋、透明のビニール袋、
厚紙、発泡スチロール板（台紙用）

型紙
P.104

厚紙にカラーポリ袋や透明のビニール
袋を貼って、羽の透明感を表現。

くだものカーで
レッツゴー！

くだもの型の車に乗って、みんな
でどこへ行くのかな？

型紙 P.103

案／菊地清美　製作／おおしだいちこ

(材料) 色画用紙、画用紙、フェルト、
発泡スチロール板（台紙用）

point

葉っぱを折って半
分浮かせて貼ると、
立体感が出ます。

コスモス畑へ仲よくお出かけ

満開のコスモスが広がります。
みんなでお散歩、楽しいね。

案・製作／うえはらかずよ

型紙
P.105

(材料) 色画用紙、画用紙、お花紙

帯状の色画用紙を交差させたらホッチキスで留め、真ん中にお花紙で作った小さな花芯を貼ります。花びらを少しカールさせると、より立体的に。

point

秋の森でこぎつねは…

童謡「こぎつね」を、壁面にアレンジ。かんざしや
つげのくしで、おめかし中かな?

型紙
P.104

案／坂本直子　製作／浦田利江

(材料)　画用紙、色画用紙、フェルト、ボンテン、キラキラ折り紙、
　　　　包装紙、工作用紙、スチレンボード(台紙用)

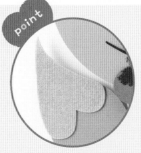

point

しっぽの先や胸元にフェルトを
貼って、あたたかみをプラス。

潰した草の実を絵の
具で表現します。

ふんわりあたたか染め綿ぶどう

ぶどう狩りにやって来たお友達。
どのぶどうもおいしそう！　さあ、どれにする？

案・製作／たちのけいこ

材料 画用紙、色画用紙、包装紙、
コットン、太めの毛糸、
発泡スチロール板（台紙用）

型紙
P.106

複数色の絵の具を使うと、
かわいいマーブル模様に！

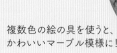

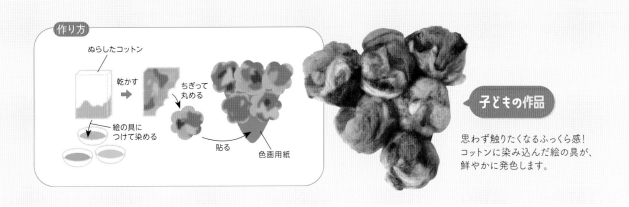

作り方

ぬらしたコットン → 乾かす → ちぎって丸める → 貼る

絵の具につけて染める

色画用紙

子どもの作品

思わず触りたくなるふっくら感！
コットンに染み込んだ絵の具が、
鮮やかに発色します。

一緒に落ち葉で遊ぼう

落ち葉って、いろんな遊び方があるんだね。
どんぐりちゃんも一緒に遊ぼう!

案／コダイラヒロミ　製作／ささきさとこ

材料
色画用紙、画用紙、柄入り折り紙、折り紙、
発泡スチロール板（台紙用）

型紙
P.106

point

しわを付けた折り紙で
落ち葉の質感を表現します。

46

まあるいのは
お月様とお月見だんご

十五夜のお月様を見に来たよ。
あれあれ、誰かおだんごを食べているね。

案／YUU　製作／浦田利江　材料　色画用紙、画用紙、麻ひも、マスキングテープ、
カラーポリ袋、トレーシングペーパー、
発泡スチロール板（台紙用）

型紙
P.107

point

おだんごは、帯状の画用
紙を組み合わせて立体
的な球体を作ります。

47

かけっこ大好き！ 運動会

みんなそれぞれ、一生懸命に走ります。
がんばれ、がんばれ！

案／菊地清美　製作／おおしだいちこ

型紙 P.108

（材料）
色画用紙、画用紙、柄入り折り紙、キラキラした折り紙、綿ロープ、
スズランテープ、ストロー、リボン、発泡スチロール板（台紙用）

旗の持ち手はストロー
で表現。

ゴールテープのリボンは、
所々をセロハンテープで
留めると動きが出ます。

バトンをつなげ！ チームリレー

チームのバトンを友達に上手に渡せるかな？

案／さくま 育　製作／ささきさとこ

(材料)
色画用紙、画用紙、包装紙、カラーポリ袋、綿、
綿ロープ、発泡スチロール板（台紙用）

型紙
P.109

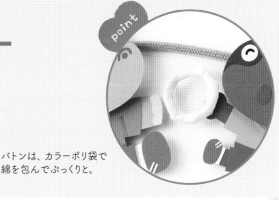

バトンは、カラーポリ袋で
綿を包んでぷっくりと。

おいも畑でうんとこしょ！

丸々太ったおいもの収穫祭。
ねずみくんを応援しているのは誰かな？

案／＊すまいるママ＊　製作／浦田利江

(材料)
色画用紙、画用紙、カラーポリ袋、厚紙、
フェルト、綿ロープ、発泡スチロール板（台紙用）

型紙
P.110

厚紙にピンク色のカラーポリ袋
を重ねて、本物らしい色味に。

所々にフェルトを貼ると、土
のニュアンスが出ます。

ハロウィンナイトパーティー

ほうきに乗って夜空へ。おばけたちもお菓子を
持って集まって来たよ。

案／コダイラヒロミ　製作／浦田利江

(材料)
色画用紙、画用紙、キラキラした紙、綿、リボン、
発泡スチロール板（台紙用）

型紙
P.111

綿をキラキラした紙で包
んだキャンディーは特別感
たっぷり！

部屋飾り

オータムガーランド

秋の自然物が勢ぞろい！ それぞれひと工夫で、
カラフル＆立体的に仕上げました。

案・製作／おおしだいちこ

（材料）色画用紙、はぎれ、軽量紙粘土、折り紙、
片段ボール、ひも、リボン

型紙 P.110

作り方

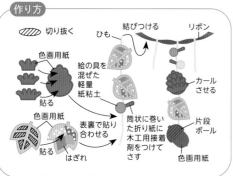

point

落ち葉は、はぎれの組
み合わせで、いろいろ
な模様が作れます。

秋の実りの詰め合わせ

ぷっくりしたきのことぶどうをバスケットに飾って。

案・製作／ RanaTura.上田有規子

（材料）
バスケット（100均）、はぎれ、厚紙、
綿、色画用紙、段ボール板、
木製の洗濯ばさみ、つまようじ、
リボン、まつぼっくり、どんぐり

型紙 P.111

作り方

〈ぶどう〉
厚紙
はぎれ　綿
かぶせる
段ボール板
に色画用紙
を貼る
貼る
包んで
縫い絞る
つまようじ

〈きのこ〉 段ボール板に
色画用紙を貼る
貼る
ぶどうの粒
と同様に作る
つまようじ
クレヨン
で描く

〈鳥〉
色画用紙で
作る
描く　木製の洗濯ばさみ
はぎれ
貼る
持ち手を
洗濯ばさみで挟む

バスケット
リボンを巻く
まつぼっくりやどんぐり
を入れる

point

布がパンパンになるまで、たっ
綿を入れると、かわいい！

52

ハロウィンモチーフの つり飾り

ハロウィンを彩るアイテム満載のつり飾りです。
カラフルな毛糸でつってキュートに。

案・製作／山口みつ子

（材料）
色画用紙、紙筒、布、丸シール、マスキングテープ、
ティッシュペーパー、牛乳パック、カラーセロハン、
両面折り紙、毛糸、モール、お花紙、
ペットボトル、ストロー

型紙・作り方 **P.112**

Point

切り込みを入れてくるっ
と輪にしたかぼちゃ。
シルエットがリアル！

ハッピーハロウィン窓飾り

かわいらしいおばけがいっぱいの窓飾り。
共通するモチーフが多いので、作りやすいです。

案・製作／つかさみほ

（材料）
色画用紙、
ステンドカラーシート

型紙 **P.112**

Point

家や木をシルエットにすると、
おしゃれな雰囲気に。

子どもと作る

みんなで作る
クリスマスツリー

みんなが作ったオーナメントで、
ツリーを飾ろう！

型紙
P.113

案・製作／とりう みゆき

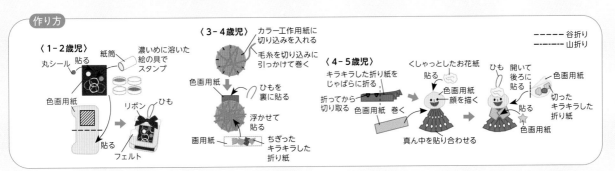

〈1-2歳児〉
丸シール　貼る
紙筒
濃いめに溶いた絵の具でスタンプ
色画用紙
リボン　ひも
貼る
フェルト

〈3-4歳児〉
カラー工作用紙に切り込みを入れる
毛糸を切り込みに引っかけて巻く
色画用紙
ひもを裏に貼る
浮かせて貼る
画用紙
ちぎったキラキラした折り紙

〈4-5歳児〉
キラキラした折り紙をじゃばらに折る
折ってから切り取る
色画用紙　巻く
くしゃっとしたお花紙
貼る
色画用紙
顔を描く
真ん中を貼り合わせる
ひも　開いて後ろに貼る
色画用紙
切ったキラキラした折り紙
貼る
色画用紙

- - - - - 谷折り
- ·- ·- ·- 山折り

（材料）
画用紙、色画用紙、紙筒、丸シール、リボン、
フェルト、カラー工作用紙、毛糸、
キラキラした折り紙、ひも、お花紙、
綿、ボンテン、発泡スチロール板（台紙用）

年齢別バリエーション

子どもの作品

1〜2歳児
ブーツは、カラフルなスタンプが窓から見えるしくみ。

3〜4歳児
毛糸のデコレーションボール。色の組み合わせも楽しい！

4〜5歳児
じゃばら折りのスカートがオシャレな天使。キラキラの羽もすてき！

みんなで待ってるよ
サンタさんとプレゼント

今年のプレゼントは何かな？
わくわくしていたらサンタさんがやって来た！

案／＊すまいるママ＊　製作／浦田利江

型紙
P.113

材料

色画用紙、画用紙、
キラキラした折り紙、包装紙、
クリアファイル、段ボール板

Point

壁とプレゼントの間に帯状に切ったク
リアファイルを貼ると、プレゼントが飛
び出してゆらゆらします。

メリークリスマスリース

サンタ帽をかぶったりすさんが、キュートにリースでお出迎え！

案／カモ　製作／浦田利江

(材料)
色画用紙、画用紙、カラー工作用紙、リボン、
レースシール、フェルト、ボンテン、スズランテープ、綿

型紙
P.114

りすの手袋は、色違いのフェルト
でふかふか！　リースの土台は、
カラー工作用紙に綿を載せ、スズ
ランテープを巻きます。

ブーツの中に プレゼントいっぱい!

ブーツの中にプレゼントをいっぱい詰めたよ。
どれがほしい?

案／YUU　製作／浦田利江

型紙 **P.115**

材料

色画用紙、画用紙、包装紙、
リボン、紙ひも、
キラキラした折り紙、ボンテン、
発泡スチロール板（台紙用）

プレゼントは、本物のリボンを巻いたり包装紙で包んだりします。

お部屋ピカピカ！
大掃除レンジャー

ほこりも見逃さない！ 大掃除レンジャーと
一緒に保育室をきれいにしよう！

案／カモ　製作／ささきさとこ

型紙
P.115

(材料)

色画用紙、画用紙、
キラキラした折り紙、フェルト、
発泡スチロール板（台紙用）

point

はたき・ほうき・雑巾には、フェルトを
使い、柔らかな質感を表現。

くっつき毛糸で マイ手袋

カラフルな毛糸を手袋の模様に。
模様は、丸や四角、ハートもあるよ。

案・製作／イシグロフミカ

(材料)
色画用紙、毛糸、フェルト、
発泡スチロール板(台紙用)

(型紙)
P.116

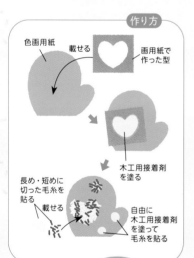

作り方

色画用紙
載せる
画用紙で
作った型

木工用接着剤
を塗る

長め・短めに
切った毛糸を
貼る
載せる

自由に
木工用接着剤
を塗って
毛糸を貼る

毛糸が木工用接着剤に
くっつく瞬間はわくわく。完
成が楽しみな作品です。

子どもの作品

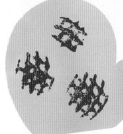

2歳児

果物ネットを利用して、スタンピング！数回押すだけで手袋の模様が表現できます。

3歳児

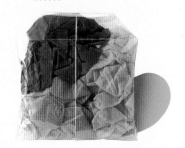

ＯＰＰ袋にお花紙を隙間なくぎゅっと詰めるのがポイントです。

4〜5歳児

カラー工作用紙に絵を描き、穴を開けてひもを通します。どんな模様になるかな？

61

晴れ着でうきうき！
お正月遊び

たこあげやこま回し、羽根つき。
みんなはどのお正月遊びをやってみたい？

案／コダイラヒロミ　製作／ささきさとこ

 型紙 **P.116**

材料
色画用紙、画用紙、和紙、
千代紙、発泡スチロール板（台紙用）

point

和紙で作った富士山
のたこで、お正月らし
さをプラス！

心のなかに、どんなおに？

好き嫌い、怒りんぼ、ゲームばっかり、
泣き虫…。追い出したいのは、どんなおに？

案／さくま 育　製作／ささきさとこ

型紙
P.117

材料

色画用紙、画用紙、折り紙、
発泡スチロール板（台紙用）

おにのパンツは、破
いた折り紙を貼っ
て。子どもと一緒に
作っても。

思いっきり
雪遊びしよう！

かまくらを作ったり、雪合戦をしたり。
雪が積もったら、たくさん遊ぼうね。

案／菊地清美　製作／ささきさとこ

(材料) 色画用紙、画用紙、キラキラした折り紙、
キルト芯、発泡スチロール板（台紙用）

型紙
P.118

point

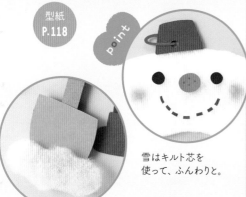

雪はキルト芯を
使って、ふんわりと。

えい！やあ！
おには外！

大きな声で元気いっぱい豆まきしましょう！

案・製作／町田里美

(材料)
色画用紙、画用紙、折り紙、
発泡スチロール板（台紙用）

型紙
P.118

おにの髪の毛は、色
画用紙を細く切って
からくしゃくしゃにしわ
を寄せて貼ります。

ぎゅっとあったか手袋

大きな手袋にみんなで入れば、
寒さなんてへっちゃら!

案・製作／さとうゆか

型紙
P.120

(材料)
色画用紙、フェルト、画用紙、
発泡スチロール板（台紙用）

入り口部分にはフェルトを使い、キャラクターをさし込むように貼ると、本当に手袋に入っているみたい!

66

まん丸雪だるまを作ろう！

大きな大きなまん丸雪だるまを作ろう！
毛糸の帽子もかぶせてあげようね。

案／矢島秀之　製作／ささきさとこ

(材料) 色画用紙、画用紙、キラキラモール、
綿、スチレンボード（台紙用）

型紙
P.120

point

キラキラモールを組み合わせて、
雪の結晶を表現！

雪は綿を使って
ふわふわっと立体的に。

牛乳パックのおしゃれツリー

キラキラしたテープやボンテンを使って、
牛乳パックが華やかなツリーに大変身！

型紙
P.117

案・製作／つかさみほ

材料　牛乳パック、カラークラフトテープ、色画用紙、紙テープ、
ボンテン、カラー工作用紙、キラキラしたテープ、丸シール

作り方

横から見たときに寂し
くならないようたくさん
貼りましょう。

わいわいどんぐりさんの置き飾り

おしゃれしたどんぐりさんたちが、大集合！
集めた自然物を、置き飾りにアレンジ♪

案・製作／RanaTura.上田有規子

材料　どんぐり、まつぼっくり、マスキングテープ、
木の枝、ボンテン、フェイクモスシート（100均）、
ワイヤー、段ボール板、色画用紙、厚紙、麻ひも

Point

どんぐりの帽子はペイ
ント、洋服はマスキン
グテープでカラフルに。

一番長い竹を取り外して
おみくじに!

門松おみくじ

おみくじができる門松の置き飾りです。
きょうはなにが出るかな?

案・製作／つかさみほ

型紙 P.121

（材料）
色画用紙、画用紙、片段ボール、
綿ロープ、お花紙、曲がるストロー、
割り箸、お菓子の空き容器、
段ボール板

point
おみくじは、子どもたちが
喜ぶメッセージに。

かけっこが
はやくなるでしょう

（作り方）
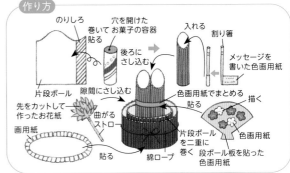

のりしろ　穴を開けた　　　　入れる　割り箸
巻いてお菓子の容器
貼る　　　　　　　　　　　　　　　メッセージを
後ろに　　　　　　　　　　　書いた色画用紙
さし込む
片段ボール　隙間にさし込む　色画用紙でまとめる
先をカットして　　　　　　　　貼る
作ったお花紙　曲がる　　　　　片段ボール
画用紙　　　　ストロー　　　　を二重に　　色画用紙
　　　　　　　貼る　　綿ロープ　巻く　段ボール板を貼った
　　　　　　　　　　　　　　　　　　　　色画用紙

お正月モチーフの ガーランド

正月らしいモチーフを集めたガー
ランドです。赤色をメインに、華
やかに飾りましょう。

案・製作／山口みつ子

（材料）色画用紙、画用紙、
包装紙、リボン、フェルト

型紙 P.121

（作り方）
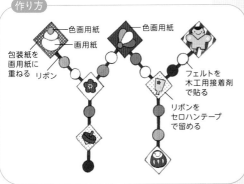

色画用紙　　　　　色画用紙
画用紙
包装紙を
画用紙に
重ねる　リボン
　　　　　　　　　　　　フェルトを
　　　　　　　　　　　　木工用接着剤
　　　　　　　　　　　　で貼る
　　　　　　　　　　　リボンを
　　　　　　　　　　　セロハンテープ
　　　　　　　　　　　で留める

point
丸く切ったフェルトを
まゆ玉風の飾りに。

子どもと作る

切り込みフリンジが ゴージャスな鳥たち

色鮮やかな鳥たちが、春の爽やかな風に
乗って飛んでいます。

案・製作／たちのけいこ

型紙
P.122

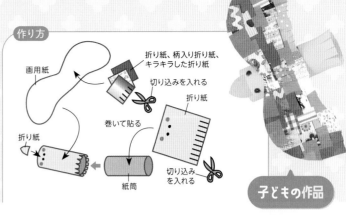

〈材料〉
折り紙、柄入り折り紙、
キラキラした折り紙、
紙筒、画用紙

ブルーと銀色の動線で、
春風の躍動感を表現。

point

作り方

画用紙

折り紙、柄入り折り紙、
キラキラした折り紙

切り込みを入れる

折り紙

巻いて貼る

折り紙

紙筒

切り込み
を入れる

子どもの作品

夢いっぱいの飛行機で
空へ飛び立とう！

かっこいい飛行機に乗って大空へ。
どんな冒険が待っているのかな？

案／菊地清美　製作／浦田利江

型紙
P.122

（材料）
色画用紙、包装紙、画用紙、不織布、
発泡スチロール板（台紙用）

point

雲は、白い不織布を
たわしでこするなどし
てけばだたせ、ふわ
ふわに。

進め！虹の上
マーチングバンド

マーチングバンドの愉快な音楽が
聞こえてくるようです。

案／YUU　製作／浦田利江

（材料）
色画用紙、画用紙、キラキラした紙、
スズランテープ、発泡スチロール板（台紙用）

型紙
P.124

point

雲はスズランテープ
をくしゃっとさせて、
立体的に！

みんなのために働く車

みんな大好きなかっこいい車たち。
これから仕事にしゅっぱーつ！

案・製作／冬野いちこ

(材料) 色画用紙、画用紙、キラキラした折り紙、
トレーシングペーパー、
発泡スチロール板（台紙用）

型紙
P.124

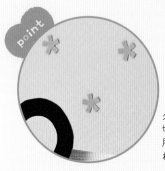

クラフトパンチで
切り抜いた色画
用紙を貼ってか
わいいバスに！

みんなでせーの！
大縄跳び

空まで高くジャンプ！息を合わせて何回跳べるかな？

案／＊すまいるママ＊　製作／ささきさとこ

材料　色画用紙、画用紙、クリアファイル、綿ロープ、
発泡スチロール板（台紙用）

型紙
P.123

point

綿ロープを使った縄で
立体感を出します。

クリアファイルの帯を
使ったひと手間で、縄
を跳ぶ躍動感を演出！

ふわふわ風船楽しいな

いろいろな柄の風船につかまって
楽しそうに飛んでいます。

案・製作／とりう みゆき

（材料）色画用紙、画用紙、包装紙、厚紙、
綿ロープ、発泡スチロール板（台紙用）

型紙
P.125

風船は、厚紙に包装紙
を貼っておしゃれに！

風船のひもは綿ロープで
作ると立体感が出ます。

0・1・2 歳児に! 楽器の演奏、楽しいね!

ラッパにカスタネット、太鼓に鈴。
いろいろな音を奏でてプチ演奏会!

案・製作/さとうゆか

(材料) 色画用紙、画用紙、フェルト、
発泡スチロール板（台紙用）

型紙
P.125

黄色やオレンジの同系色
でまとめた音符は、あたた
かみのあるフェルトで。

カラーポリ袋フラワーの置き飾り

point

壇上や玄関などに飾れば、
パッと華やかに!

案・製作／おおしだいちこ

[材料]
カラーポリ袋、ボンテン、
折り紙、厚紙、色画用紙、
リボン、紙筒

型紙
P.126

造花を交ぜて、
ボリュームUP!

作り方

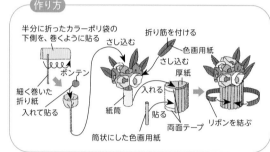

半分に折ったカラーポリ袋の
下側を、巻くように貼る　さし込む　折り筋を付ける
色画用紙
さし込む
ボンテン　厚紙
細く巻いた
折り紙　入れる
入れて貼る　紙筒　貼る　リボンを結ぶ
筒状にした色画用紙　両面テープ

お花畑でピヨピヨひよこちゃん

お散歩中のひよこちゃんたちが窓辺に! 楽しそうな
表情を見れば、子どもたちも笑顔になれそうです。

案・製作／つかさみほ　[材料]画用紙、色画用紙

型紙
P.126

point

ひよこの型紙は2種
類。羽や足、表情
で変化をつけます。

大輪花のつり飾り

でんぐりシートと一緒に飾るのは大きな花で決まり！
セレモニーにも合いそうです

案・製作／くるみれな

材料 色画用紙、画用紙、
でんぐりシート、厚紙、ひも

型紙
P.126

作り方

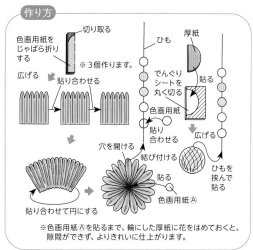

色画用紙を
じゃばら折り
する

切り取る

※3個作ります。

広げる → 貼り合わせる

貼り合わせて円にする

穴を開ける

ひも
厚紙

でんぐり
シートを
丸く切る

貼る

色画用紙

貼り
合わせる

広げる

結び付ける

貼る

ひもを
挟んで
貼る

色画用紙Ⓐ

※色画用紙Ⓐを貼るまで、輪にした厚紙に花をはめておくと、
隙間ができず、よりきれいに仕上がります。

point

じゃばらに折った色画用
紙を円になるように広げ
て貼り合わせるだけ。

小鳥のペンスタンド

お片づけ上手な小鳥さん。プレゼントにもぴったり！

案・製作／たちのけいこ

材料 空き缶、色画用紙、画用紙、
フェルト、ビニールテープ

型紙
P.127

point

羽にはフェルトを
使ってふわふわに。

裏は

作り方

缶詰めなどの
空き缶

切り口に
ビニールテープを貼る

貼る

色画用紙

画用紙に
色画用紙
を貼る

フェルト

両面テープで留める

色画用紙

貼る

二重りんごのつり飾り

キュートなりんごたちをつるせば、
保育室がハッピーな雰囲気に！

案・製作／山口みつ子

(材料) 色画用紙、ポンテン、ひも

型紙 P.127

輪っかのりんごを二重
にすると、寂しい印象
にならず GOOD！

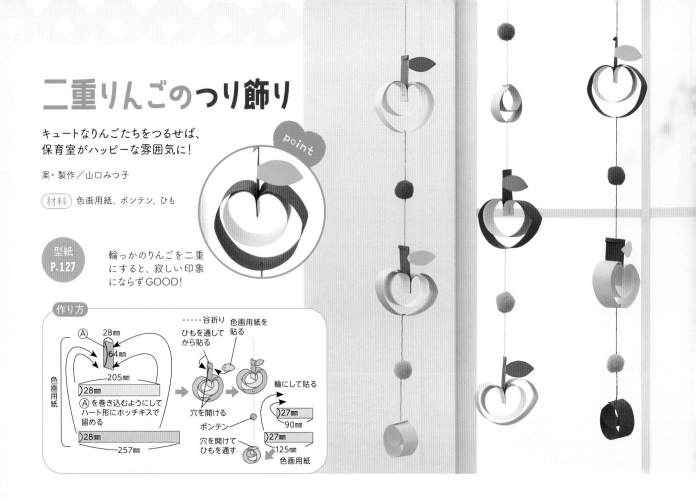

作り方

Ⓐ 28mm 64mm

色画用紙

205mm

28mm

Ⓐを巻き込むようにして
ハート形にホッチキスで
留める

28mm

257mm

----- 谷折り
ひもを通して
から貼る

色画用紙を
貼る

穴を開ける

ポンテン

穴を開けて
ひもを通す

輪にして貼る

27mm
90mm

27mm
125mm

色画用紙

ナチュラルツリーの お知らせボード

ファンタジーのような色使いが
目を引く、お知らせボードです。

案・製作／もりあみこ

(材料) ホワイトボードシート、色画用紙、
画用紙、柄入り折り紙、空き箱、
段ボール板（台紙用）

型紙 P.127

ペットボトルを集めています。
お持ちいただいた方は
ボックスに入れてください。
よろしくお願いいたします。

空き箱を使ったペン立ても
木の幹の装飾を。

作り方

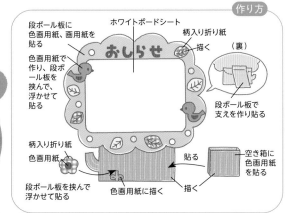

段ボール板に
色画用紙、画用紙を
貼る

ホワイトボードシート

柄入り折り紙

描く

（裏）

段ボール板で
作り、段ボ
ール板を
挟んで、
浮かせて
貼る

段ボール板で
支えを作り貼る

柄入り折り紙
色画用紙

段ボール板を挟んで
浮かせて貼る

色画用紙に描く

描く

貼る

空き箱に
色画用紙
を貼る

型紙
P.000

このマークが付いている作品の型紙のコーナーです。
必要な大きさにコピーしてご利用ください。

P.4 ちぎり貼り
ふっくらさくらでおめでとう！

さくら

旗①

旗②

文字 にゅうえん
おめでとう

うさぎ

りす

くま

ねずみ

もぐら

※小さい草は、もぐらの草を縮小コピーしてください。

P.6 お花列車で
進級おめでとう!

葉

雲

花

※小さい花は、
縮小コピーを
してください。

ねずみ

文字

ちょうちょう

おめでとう

くま

ねこ

列車①

※反対向きのねこは、
　反転コピーをしてください。
※服の模様は、自由に変えてください。

列車②

チューリップ

P.7 にじみ塗りチューリップ

葉

花

草

花壇

切り取る

山折り

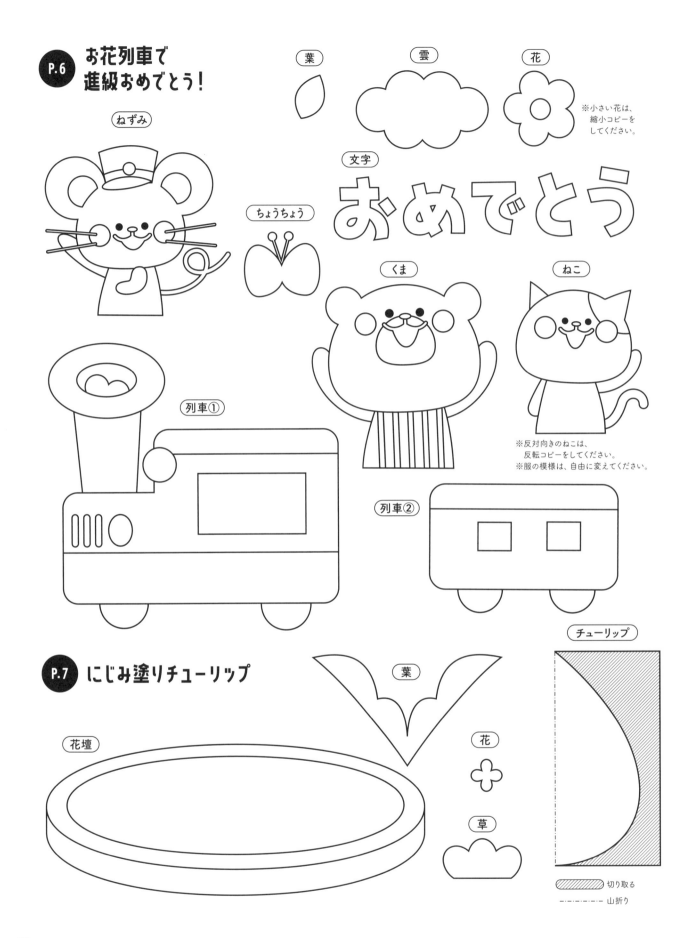

82

くま

ねずみ

ねこ

ひよこ

P.9 見て見て！いちごだよ

はち

いちご

ちょうちょう

顔

右羽

体

左羽

右羽 体 左羽 顔

うさぎ

リボン

顔

りす

顔

いちご

左手

体

ねずみ

顔

右手

体

右手

体

左手

花

葉

尾

※ねずみのいちごは、
りすと共通です。

P.8 きりん先生と遊ぼう！

うさぎ

顔

右手

左手

体

右足

左足

きりん

顔

顔

右手

左手

体

右足

左足

さる

顔

左手

右手

体

左足

右足

くま

顔

左手

右手

体

右足

左足

いぬ

顔

右手

左手

体

右足

左足

ねずみ

顔

右手

左手

体

右足

左足

尾

さくらの花びら

園舎

音符

さくらの木

84

P.11 あひるの赤ちゃんこんにちは

あひる

あひるの赤ちゃん

ちょうちょう

たまご

草

てんとうむし

たんぽぽ

妖精②

はち

P.10 春の妖精がやって来た！

妖精①

妖精③

たんぽぽ

キラキラ

花

あおむし

しろつめくさ

クローバー

てんとうむし

雲

ひよこ

P.12 元気いっぱい！こいのぼり

うさぎ

くま

ねずみ

丘

※丘は、他のパーツの200％に拡大コピーをしてください。

P.14 たんぽでポンポン 紙皿ちょうちょう

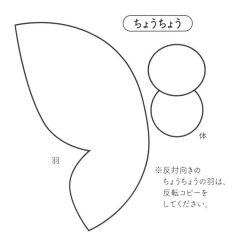

ちょうちょう

羽

体

※反対向きの
ちょうちょうの羽は、
反転コピーを
してください。

うさぎ

りす

花

P.15 野原で電車ごっこ！

くま

うさぎ

音符

クローバー

ねこ

※小さいクローバーは、
縮小コピーをしてください。

きりん

しろつめくさ

ねずみ

ちょうちょう

たんぽぽ

※小さいたんぽぽは、
縮小コピーをしてください。

P.16 仲よしおひなさま

おびな

めびな

三人官女①

三人官女②

三人官女③

ぼんぼり

花

●——— 切り込み

┈┈┈┈ 山折り

P.17 鳥の背に乗って、大空へ！

鳥

ねずみ

うさぎ

ねこ

雲

花

※鳥は、他のパーツの125％に
拡大コピーをしてください。

※小さい雲は、縮小コピーをしてください。

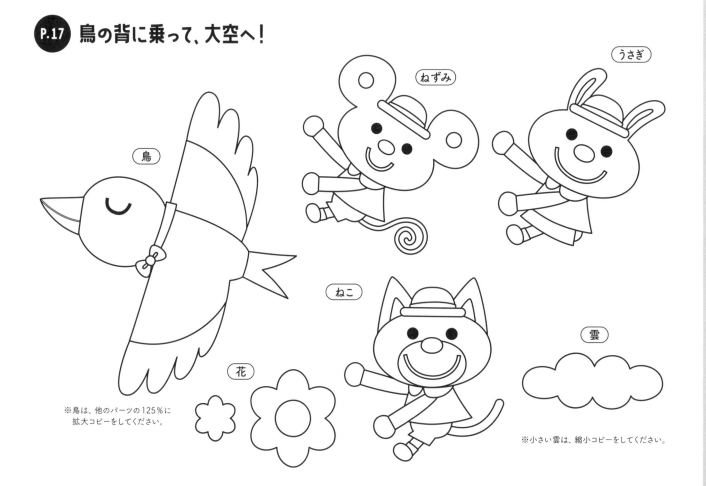

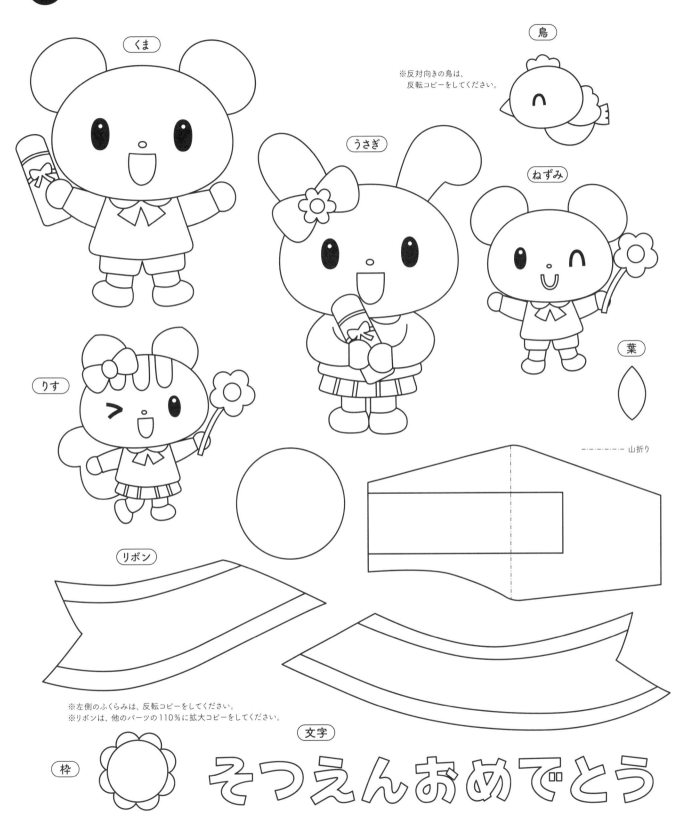

鳥

※反対向きの鳥は、
反転コピーをしてください。

くま

うさぎ

ねずみ

りす

葉

山折り

リボン

※左側のふくらみは、反転コピーをしてください。
※リボンは、他のパーツの110％に拡大コピーをしてください。

文字

枠

そつえんおめでとう

P.20 カラフルチューリップのつり飾り

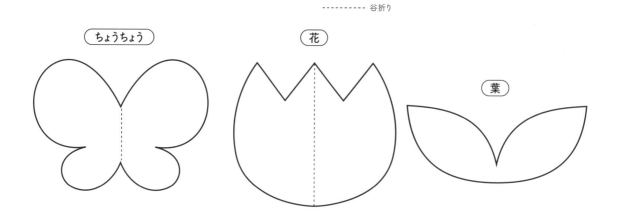

------- 谷折り

ちょうちょう　　　　花　　　　葉

P.21 ころりん卵びなの置き飾り

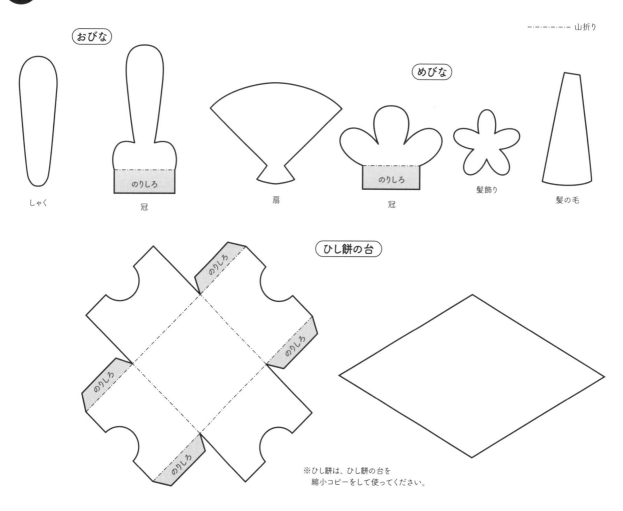

--·--·-- 山折り

おびな　　　　　　　　　　　　　　　　めびな

しゃく　　冠　　　　　　　扇　　　　冠　　　髪飾り　　髪の毛

ひし餅の台

のりしろ

※ひし餅は、ひし餅の台を
　縮小コピーをして使ってください。

ちょうちょうと花のパステル窓飾り

花①
花②
花③
ちょうちょう

しろつめくさのおしゃれつり飾り

※花の大きさは、自由に調整してください。

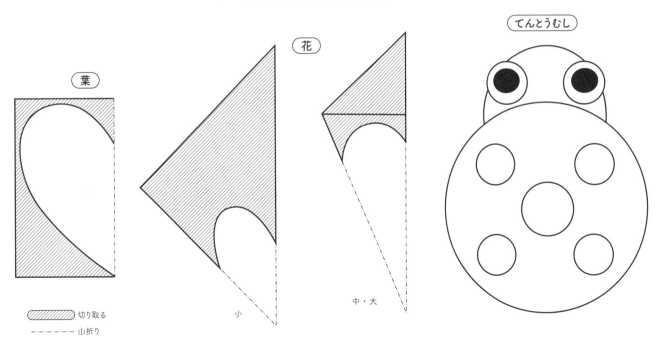

葉
花
てんとうむし

切り取る
山折り

小
中・大

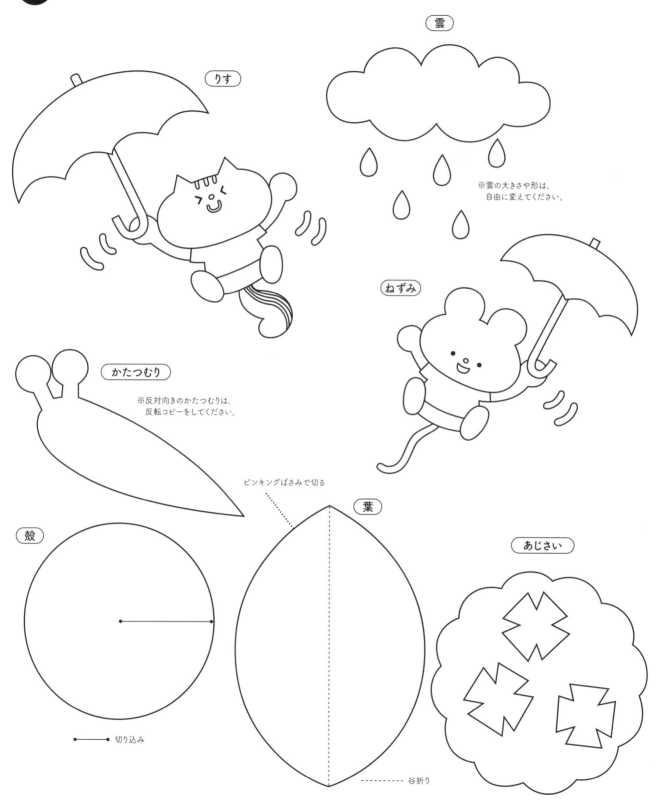

雲

りす

※雲の大きさや形は、
　自由に変えてください。

ねずみ

かたつむり

※反対向きのかたつむりは、
　反転コピーをしてください。

ピンキングばさみで切る

葉

殻

あじさい

切り込み

谷折り

窓

雨粒

あじさい

P.25 雨の森でこんにちは

（かえる）

（ひよこ）

（くま）

（うさぎ）

（木）

（水たまり）

※小さい水たまりは、
　縮小コピーをしてください。

（草）

（雨粒）

※葉っぱの位置は、自由に変えましょう。

94

P.26 みんなでゴシゴシ
かばさんの歯を磨こう

ねずみ①

かば

泡

※小さい泡は、
縮小コピーを
してください。

ねずみ②

コップ

りす

飾り

※小さい飾りは、
縮小コピーを
してください。

P.27 天の川の主役は織姫＆彦星

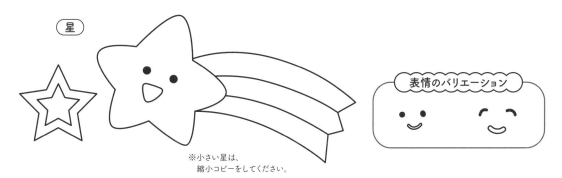

星

※小さい星は、
縮小コピーをしてください。

表情のバリエーション

彦星

織姫

キラキラ

※小さいキラキラは、
　縮小コピーをしてください。

P.28 切り紙のひまわり畑であーそぼ！

ねずみ

ねこ

いぬ

茎と葉

花びら

草

////////// 切り取る

—·—·— 山折り

--------- 谷折り

※葉は、自由に貼りましょう。

P.30 大~きなすいかをパクパク！

ひよこ

ねずみ

うさぎ

星

すいか①

すいか②

P.34 ペーパータオル染め
あさがお

あさがお

あさがおの葉

くま

うさぎ

てんとうむし

草

いち、に! いち、に!
しっかり準備体操

うさぎ

くま

ヨット

船

※小さいヨットは、
縮小コピーをしてください。

雲と海

※雲と海は、他のパーツの
160％に拡大コピーを
してください。

水面

※長さは、自由に変えてください。

ねずみ

ペンギン

太陽

かに

P.33 水遊びで
おおはしゃぎ

うさぎ

ねずみ

飾り

りす

※小さい飾りは、縮小コピーをしてください。

くま

水しぶき

※水しぶきは、他のパーツの125％に拡大コピーをしてください。

プール

※プールは、他のパーツの170％に拡大コピーをしてください。

P.32 夏だ！祭りだ！踊っちゃえ！

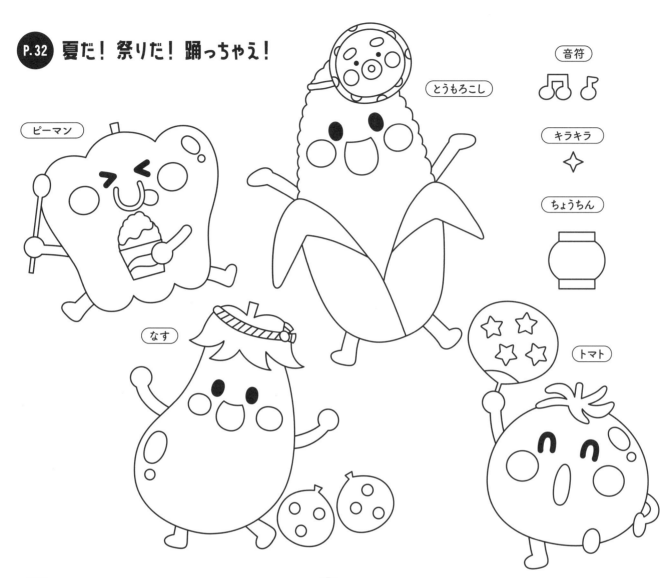

ピーマン

とうもろこし

なす

トマト

音符

キラキラ

ちょうちん

P.37 貝殻とヨットの窓飾り

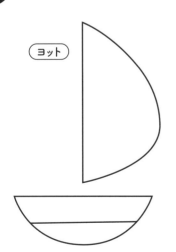

ヨット

P.37 ハイビスカスのリース

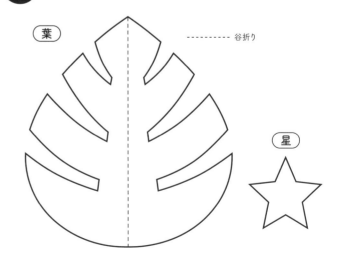

葉

------- 谷折り

星

P.35 ふわふわおばけが
遊びに来たよ！

おばけ①

おばけ③

おばけ②

星

いぬ

ねずみ

ひよこ

草

P.36 マリンヨットの
ボトル型置き飾り

水草

船体

マスト

穴を開ける

-------- 谷折り

P.36 貝殻で飾った
お知らせボード

ひとで

※小さいひとでは、
　縮小コピーをしてください。

波打ち際

※波打ち際は、他のパーツの200%に拡大コピーをしてください。

うさぎ

P.38 スタンプ帽子のどんぐりさんと
歌おう！

うさぎ

ねずみ

くま

どんぐり

音符

草

葉

-------- 谷折り

くだものカーで
レッツゴー！

なし

りんご

かき

くり

鳥

木の模様

※木の模様は、
　自由に入れてください。

※反対向きの葉は、
　反転コピーを
　してください。

木

葉

-------- 谷折り

P.40 聴こえる？
秋の虫の合唱隊

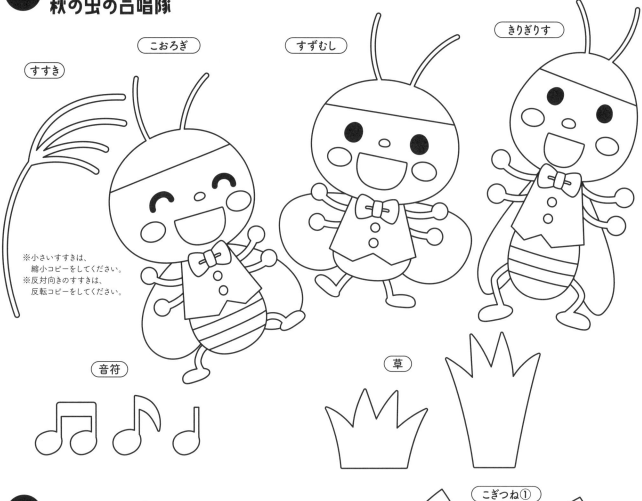

こおろぎ

すずむし

きりぎりす

すすき

※小さいすすきは、
　縮小コピーをしてください。
※反対向きのすすきは、
　反転コピーをしてください。

音符

草

P.43 秋の森でこぎつねは…

こぎつね①

雲

小鳥

木

きのこ

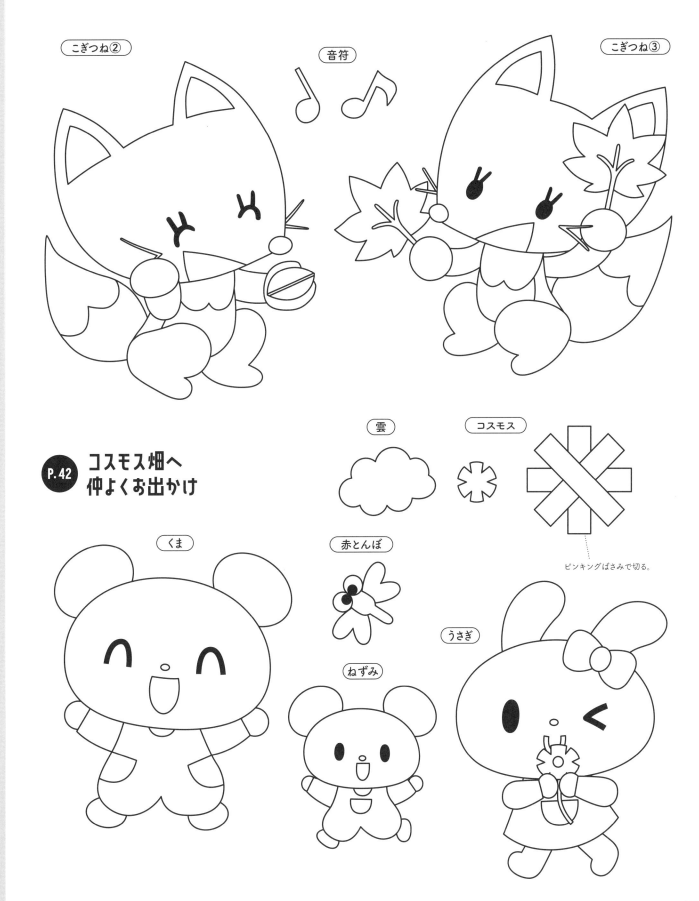

こぎつね②

音符

こぎつね③

P.42 コスモス畑へ
仲よくお出かけ

雲

コスモス

ピンキングばさみで切る。

くま

赤とんぼ

うさぎ

ねずみ

P.44 ふんわりあたたか
染め綿ぶどう

くま

うさぎ

さるとりす

葉

---- 谷折り

P.46 一緒に落ち葉で遊ぼう

もみじ

どんぐり

ねずみ

106

うさぎ たぬき

P.47 まあるいのは
お月様とお月見だんご

たぬき 草 うさぎ

りす

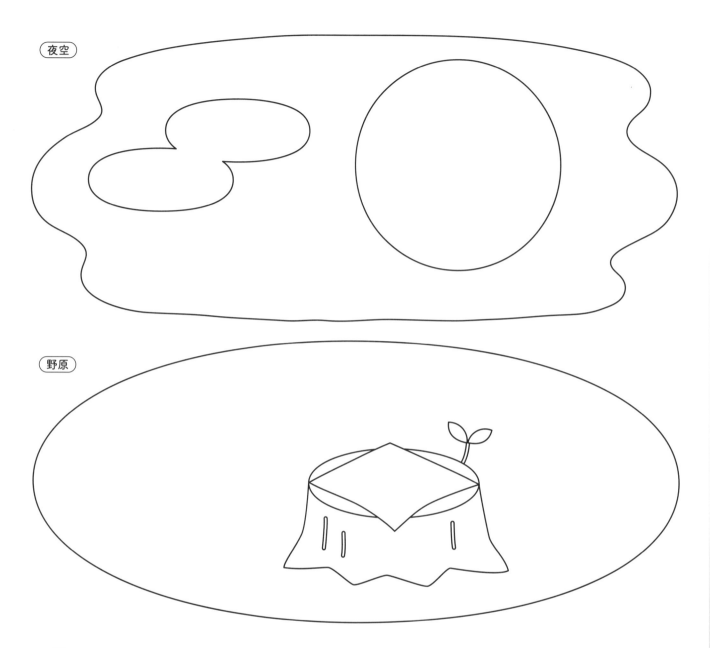

夜空

野原

P.48 かけっこ大好き！運動会

小鳥

旗

うさぎ

いぬ

くま

P.49 バトンをつなげ！
チームリレー

ねずみ

うさぎ

かば

たぬき

フラッグ

※フラッグは、他のパーツの150％に
拡大コピーをしてください。

P.50 おいも畑でうんとこしょ！

くま

葉

※小さい葉は、縮小コピーをしてください。

うさぎ

もぐら

ねずみといも

P.52 オータムガーランド

葉

どんぐり

まつぼっくり

切り取る

切り込み

ハロウィンナイトパーティー

おばけ①

おばけ②

月

星

※小さい星は、
縮小コピーを
してください。

ねずみ

ねこ

※ねことねずみは、
他のパーツの170%に
拡大コピーをしてください。

かぼちゃ

P.52 秋の実りの詰め合わせ

きのこ

ぶどう

小鳥

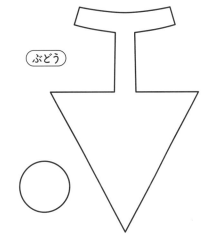

ハロウィンモチーフのつり飾り

こうもりの羽

かぼちゃの顔

魔女の帽子

切り込み

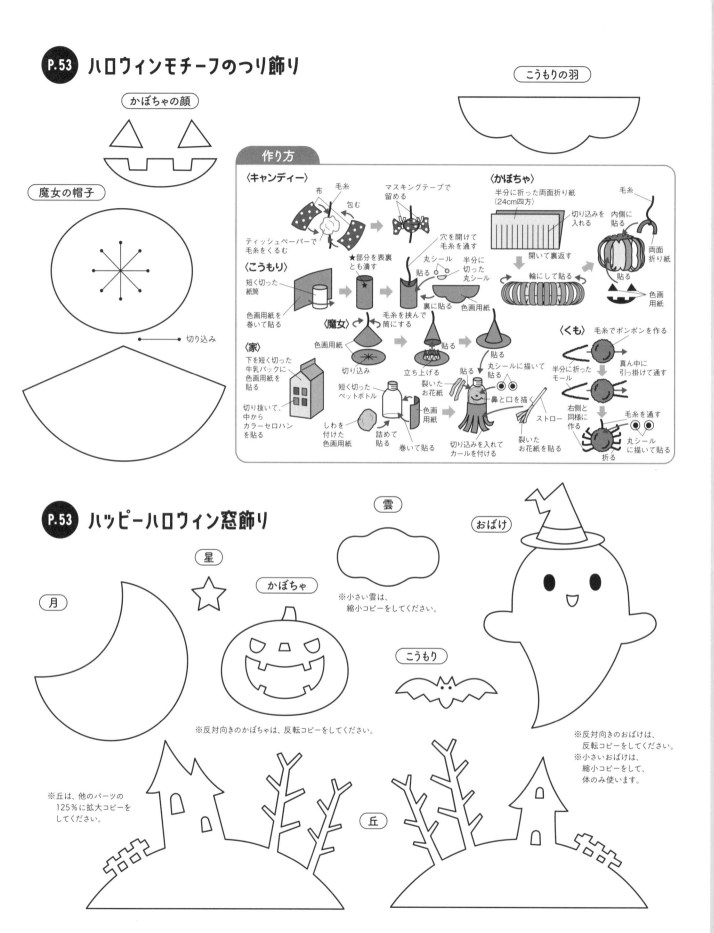

作り方

〈キャンディー〉
布　毛糸
包む
マスキングテープで留める
ティッシュペーパーで毛糸をくるむ
★部分を表裏とも潰す
穴を開けて毛糸を通す
丸シール貼る
半分に切った丸シール
裏に貼る
色画用紙

〈こうもり〉
短く切った紙筒
色画用紙を巻いて貼る
毛糸を挟んで筒にする

〈魔女〉
色画用紙
切り込み
立ち上げる
貼る
貼る
丸シールに描いて貼る
裂いたお花紙
鼻と口を描く
ストロー
切り込みを入れてカールを付ける
裂いたお花紙を貼る

〈家〉
下を短く切った牛乳パックに色画用紙を貼る
切り抜いて、中からカラーセロハンを貼る
短く切ったペットボトル
しわを付けた色画用紙
詰めて貼る
巻いて貼る
色画用紙

〈かぼちゃ〉
半分に折った両面折り紙〈24cm四方〉
切り込みを入れる
開いて裏返す
輪にして貼る
毛糸
内側に貼る
両面折り紙
貼る
色画用紙

〈くも〉
毛糸でポンポンを作る
真ん中に引っ掛けて通す
半分に折ったモール
右側と同様に作る
毛糸を通す
折る
丸シールに描いて貼る

ハッピーハロウィン窓飾り

雲

星

かぼちゃ

月

おばけ

こうもり

※小さい雲は、縮小コピーをしてください。

※反対向きのかぼちゃは、反転コピーをしてください。

※反対向きのおばけは、反転コピーをしてください。
※小さいおばけは、縮小コピーをして、体のみ使います。

※丘は、他のパーツの125％に拡大コピーをしてください。

丘

P.54 みんなで作るクリスマスツリー

ひよこ

うさぎ

りす

デコレーションボール

天使の顔

ツリー

※ツリーは、他のパーツの200％に拡大コピーをしてください。

ブーツ

キラキラ

ガーランド

※小さいキラキラは、縮小コピーをしてください。

---------- 谷折り

切り取る

P.56 みんなで待ってるよ
サンタさんとプレゼント

サンタとトナカイ

くま

うさぎ

ねずみ

星

※小さい星は、縮小コピーをしてください。

プレゼント

※小さいプレゼントは、
　縮小コピーをしてください。

P.57 メリークリスマスリース

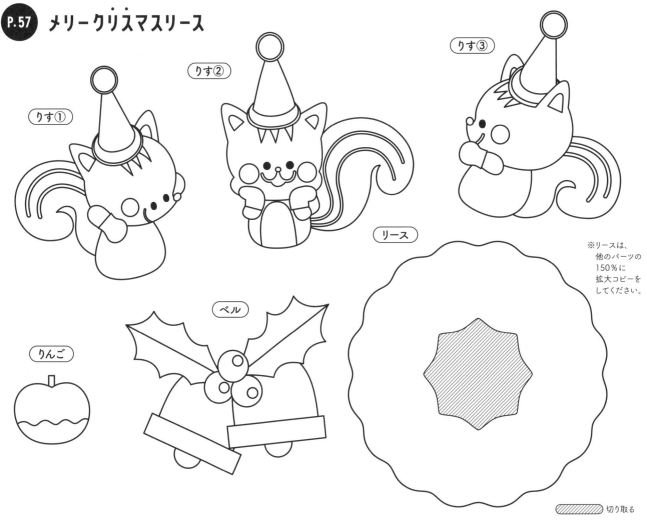

りす①

りす②

りす③

リース

※リースは、
　他のパーツの
　150％に
　拡大コピーを
　してください。

りんご

ベル

////// 切り取る

P.58 ブーツの中に
プレゼントいっぱい!

ブーツ

星

ねずみ

ねこ

※ブーツは、他のパーツの
150%に拡大コピーを
してください。

鳥

P.59 お部屋ピカピカ!
大掃除レンジャー

ねこ

いぬ

ぞう

ほこり

ねずみたち

キラキラ

P.60 くっつき毛糸で マイ手袋

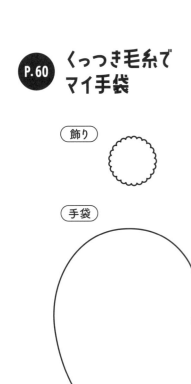

（飾り）

（手袋）

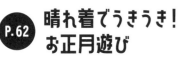

※反対向きの手袋は反転コピーをしてください。

P.62 晴れ着でうきうき！ お正月遊び

（まつ）（たけ）（うめ）

（ねずみ）

（くま）

（うさぎ）

（りす）

心のなかに、
どんなおに?

おに①

おに②

おに③

おに④

おに⑤

星

P.68 牛乳パックのおしゃれツリー

星

ツリー

—·—·— 山折り
--------- 谷折り

P.64 えい！やあ！おには外！

赤おに

豆

※小さい豆は、
縮小コピーを
してください。

青おに

家

P.65 思いっきり雪遊びしよう！

木

雪の結晶

雪玉

雪

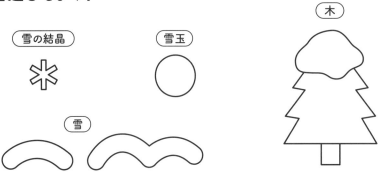

ぶた

うさぎ

いぬ

ねずみ

かまくら

きつね

雪の結晶

木

くま

手袋

※手袋は、他のパーツの
160％に拡大コピーを
してください。

P.67 まん丸雪だるまを作ろう！

ねずみ

雪だるま

うさぎ

くま

P.69 門松おみくじ

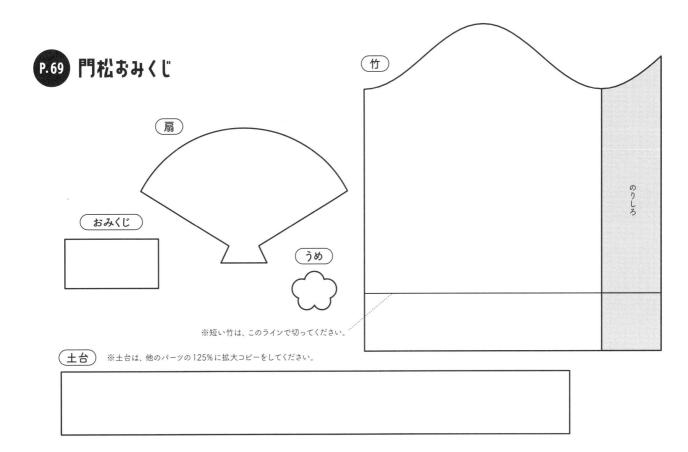

扇

おみくじ

うめ

竹

のりしろ

※短い竹は、このラインで切ってください。

土台 ※土台は、他のパーツの125%に拡大コピーをしてください。

P.69 お正月モチーフの
ガーランド

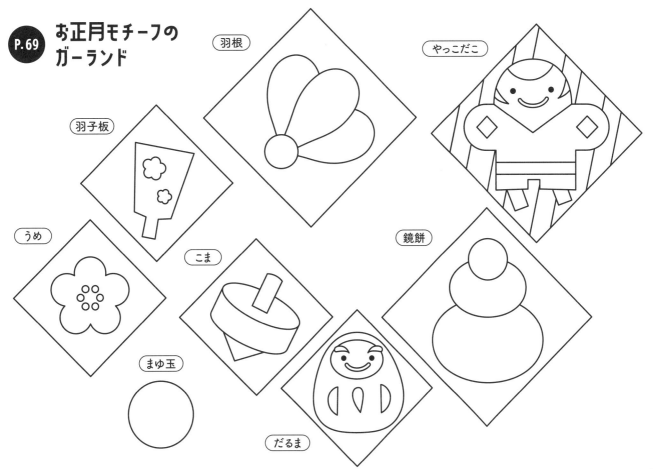

羽根

やっこだこ

羽子板

うめ

こま

鏡餅

まゆ玉

だるま

P.70 切り込みフリンジが
ゴージャスな鳥たち

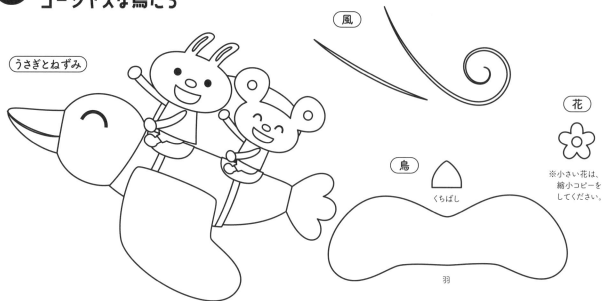

うさぎとねずみ

風

鳥
くちばし

羽

花
※小さい花は、
縮小コピーを
してください。

P.72 夢いっぱいの飛行機で
空へ飛び立とう

りす

くまとうさぎ

ねずみ

※花は、
うさぎの飾りと
共通です。

雲

※小さい雲は、
縮小コピーを
してください。

丘

みんなでせーの！
大縄跳び

さる

ぞう

小鳥

うさぎ

くま

ねずみ

動線

雲

※小さい雲は、縮小コピーをしてください。

P.74 みんなのために働く車

ごみ収集車

パトカー

木

小鳥

※小鳥の顔は、自由に変えて作ります。

バス

消防車

P.73 進め！虹の上
マーチングバンド

りす

うさぎ

ぞう

鳥①

鳥②

虹

音符

P.76 ふわふわ風船楽しいな

うさぎ

鳥

ひよこ

ぞう

風船

※小さい風船は、縮小コピーをしてください。

雲

P.77 楽器の演奏、楽しいね！

くま

うさぎ

ねずみ

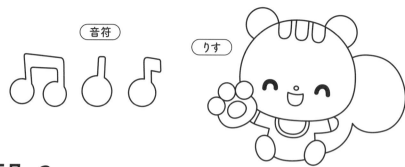

音符　りす

P.78 カラーポリ袋フラワーの置き飾り

葉

‑‑‑‑‑‑‑‑‑ 谷折り

P.78 お花畑でピヨピヨひよこちゃん

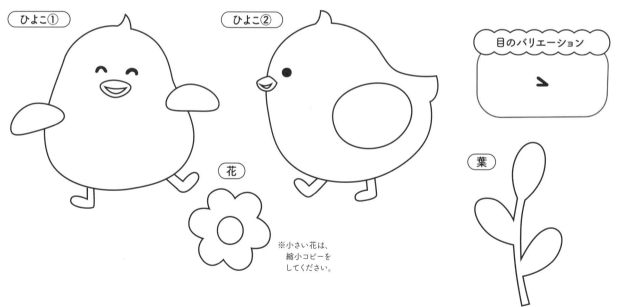

ひよこ①　ひよこ②　目のバリエーション

花　葉

※小さい花は、縮小コピーをしてください。

P.79 大輪花のつり飾り

花

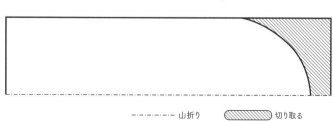

‑‑‑‑‑‑‑ 山折り　　切り取る

P.79 小鳥のペンスタンド

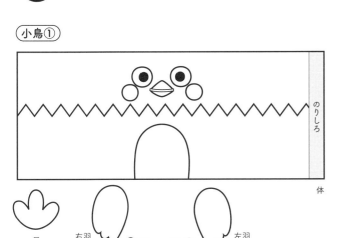

小鳥①　小鳥②

尾　右羽　右足　左足　左羽　体

尾　右羽　右足　左足　左羽　体

のりしろ

※体の長さは、空き缶の大きさに合わせて調整してください。

P.80 二重りんごの
つり飾り

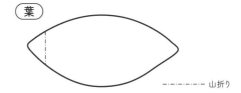

葉

―・―・―・― 山折り

P.80 ナチュラルツリーの
お知らせボード

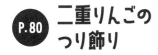
花

葉

※小さい葉は、
縮小コピーを
してください。

小鳥

※反対向きの小鳥は、
反転コピーを
してください。

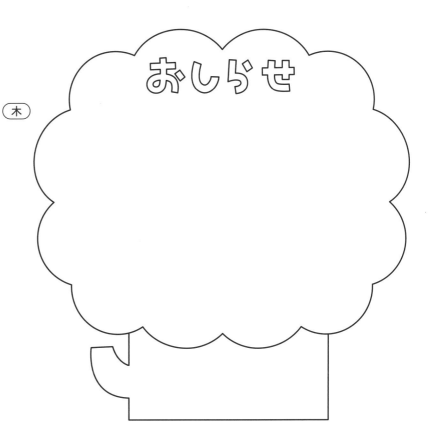
木

おしらせ

案・製作

イシグロフミカ、うえはらかずよ、浦田利江、おおしだいちこ、カモ、菊地清美、くるみれな、コダイラヒロミ、坂本直子、
さくま育、ささきさとこ、さとうゆか、しぶたにゆかり、＊すまいるママ＊、たちのけいこ、つかさみほ、とりう みゆき、
西内としお、藤沢しのぶ、冬野いちこ、町田里美、みさきゆい、ミヤモトエミ、もりあみこ、矢島秀之、山口みつ子、わたいしおり、
RanaTura. 上田有規子、YUU

STAFF

カバー、本文デザイン	坂野由香、石橋奈巳（株式会社リナリマ）
作り方イラスト	内藤和美、河合美穂、速水えり、みつき、わたいしおり
撮影	林 均
型紙トレース	奏クリエイト、プレーンワークス
本文校正	有限会社くすのき舎
編集	田島美穂

本書の型紙は、園や学校、図書館等にて本書掲載の作品を作る方が、個人または園用に製作してお使いいただくことを目的としています。本書の型紙を含むページをコピーして頒布・販売すること、及びインターネット上で公開することは、著作権者及び出版社の権利の侵害となりますので、固くお断りします。また、本書を使用して製作したものを第三者に販売することはできません。

とびきりかわいい!

壁面&部屋かざり
はる なつ あき ふゆ

2023 年 2 月　初版第 1 刷発行
2024 年 1 月　　第 2 刷発行

編者	ポット編集部　©CHILD HONSHA Co.,Ltd. 2023
発行人	大橋 潤
編集人	竹久美紀
発行所	株式会社チャイルド本社
	〒112-8512　東京都文京区小石川 5-24-21
電話	03-3813-2141（営業）　03-3813-9445（編集）
振替	00100-4-38410
印刷	共同印刷株式会社

ISBN978-4-8054-0318-1　C2037
NDC376　26 × 21cm　128P　Printed in Japan

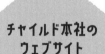

**チャイルド本社の
ウェブサイト**

チャイルドブックや
保育図書の情報が盛りだくさん。
どうぞご利用ください。

https://www.childbook.co.jp/

■ 乱丁・落丁本はお取り替えいたします。
■ 本書の無断転載、複写複製（コピー）は、著作権法上での例外を除き禁じられています。
■ 本書を代行業者等の第三者に依頼してスキャンやデジタル化することは、たとえ個人や家庭内の利用であっても、著作権法上、認められておりません。